AF543631

Wilhelm Busch

Umsäuselt von sumsenden Bienen

Wilhelm Busch

Umsäuselt von sumsenden Bienen

Schriften zur Imkerei

Herausgegeben
und mit einem Vorwort versehen
von Christiane Freudenstein

WALLSTEIN VERLAG

Marcel Beyer gewidmet, dem ich die Idee
zu diesem Buch verdanke

Inhalt

Friedlich lächelt Virgil, umsäuselt von sumsenden Bienen;
Aber die runzlichte Schar bärtiger Krieger entfleucht!

(Schnurrdiburr)

Vorwort

Wilhelm Busch ist gemeinhin bekannt als Autor von Bildergeschichten wie *Max und Moritz* (1865), *Hans Huckebein der Unglücksrabe* (1867-1868), *Die fromme Helene* (1872) und *Fipps, der Affe* (1879). Seine Lyrik hat heute noch Bestand, z. B. die *Kritik des Herzens* (1874), und auch Buschs bis dahin wenig beachteten Gemälde wurden gegen Ende des 20. Jahrhunderts verstärkt in den Blick genommen – schon Paul Klee hatte sich in seinen Tagebüchern anerkennend geäußert: »Kein Kitscher [...]. Einige Kerle mit roten Jacken gehören in eine Gemäldegalerie, sind durchaus gut.« (Tagebücher, §819, S. 235) Viele sentenzhafte Redewendungen, die uns geläufig sind, stammen von dem Humoristen: »Das Gute – dieser Satz steht fest – ist stets das Böse, was man läßt« (*Die fromme Helene,* 1872), »Einszweidrei, im Sauseschritt / Läuft die Zeit; wir laufen mit« (*Julchen,* 1877) oder »Das Schönste aber hier auf Erden / Ist lieben und geliebt zu werden« (*Schein und Sein*, 1909).

Dass Wilhelm Busch auch ein Kenner der Bienenkunde war, wird viele Leser überraschen, besonders diejenigen, die mit der wenig bekannten Bildergeschichte *Schnurrdiburr oder die Bienen* nicht vertraut sind. Wie intensiv Buschs Interesse an den Bienen aber war, belegt diese autobiographische Passage: »[...] ernsthafter fesselte mich das wundersame Leben des Bienenvolkes und der damals wogende Kampf um die Parthenogenesis [eingeschlechtliche Fortpflanzung aus unbefruchteten Eizellen, C. F.], den mein Onkel als gewandter Schriftsteller und Beobachter entscheidend mit durchfocht. Der Wunsch und Plan, nach Brasilien auszuwandern, dem Eldorado der Imker, blieb unerfüllt. Daß ich überhaupt praktischer Bienenzüchter geworden, ist freundlicher Irrtum.« (*Was mich betrifft*, Teil 1)

Wilhelm Buschs lebenslanges Interesse für Bienen liegt in seiner Biographie begründet. Geboren wurde er »am

15. April 1832 zu Wiedensahl als der erste von sieben«. Weiter schreibt Busch im ersten Teil seiner Selbstauskunft *Was mich betrifft*, die am 10.10.1886 in der Frankfurter Zeitung erschien: »Mein Vater war Krämer; klein, kraus, rührig, mäßig und gewissenhaft; stets besorgt, nie zärtlich; zum Spaß geneigt, aber ernst gegen Dummheiten. [...] Meine Mutter, still, fleißig, fromm, pflegte nach dem Abendessen zu lesen. Beide lebten einträchtig und so häuslich, daß einst über zwanzig Jahre vergingen, ohne daß sie zusammen ausfuhren. [...] Als ich neun Jahr alt geworden, beschloß man, mich dem Bruder meiner Mutter in Ebergötzen zu übergeben. Ich freute mich drauf; nicht ohne Wehmut.«

Im Spätsommer 1841 wurde Busch also zur weiteren Erziehung seinem Onkel Pastor Georg Kleine (1806-1897) in dem nicht weit von Göttingen gelegenen Dorf anvertraut. Wie viele Pfarrer seiner Zeit hielt auch dieser Bienen, war sogar eine der »Koryphäen der deutschen Bienenzüchter« (Altmeister, S. 596) und in Imkerkeisen bekannt als Verfasser von Büchern wie *Die Biene und ihre Zucht* (1862). Über Kleine heißt es weiter in dem 1868 in der *Gartenlaube* erschienenen Artikel: »In der Muße ferner Dorfpfarrei erwählte er sich die Bienenzucht, bei der vorzugsweise die wissenschaftliche Seite ihn in Anspruch nahm, zu seinem Steckenpferde. Da die Zeit günstig war, es auch an Anregung nicht fehlte, so brachte er es auf diesem Felde rasch zu einer vollendeten Meisterschaft, so daß sein Ruf als Imkermeister bald weit über die Grenzen Deutschlands hinausdrang. [...] War es unter diesen Umständen wohl ein Wunder, wenn der große Kleine im Aus- wie im Inlande die höchste Anerkennung seiner Verdienste fand? [...] Seit einigen Jahren ist Kleine Redacteur des bienenwirthschaftlichen Centralblattes für Hannover, welches seine Gediegenheit und Verbreitung meistens dem allgemein beliebten und hochgeschätzten Manne verdankt.« (Altmeister, S. 598)

Busch verlebte in Ebergötzen eine ländlich geprägte

Kindheit und Jugend. Von seinem Onkel erhielt er Privatunterricht, an dem auch sein engster Spielkamerad und lebenslanger Freund, der Müllersohn Erich Bachmann (1832-1907), teilnehmen durfte. Die gemeinsam verübten Streiche inspirierten Busch zu *Max und Moritz*, seiner ersten großen Bildergeschichte, die in Buchform erschien.

Zu dieser Zeit lagen ein abgebrochenes Maschinenbaustudium in Hannover und Kunststudien in Düsseldorf, Antwerpen und München hinter Busch, der von Gefühlen der Enttäuschung und von Selbstzweifeln geplagt wurde. Er war befreundet mit Münchner Künstlern, beteiligte sich an Theateraufführungen und zeichnete seine »Bilderpossen«. Den Kontakt zu den Eltern, die dieses ›Lotterleben‹ nicht weiter finanziell unterstützen mochten, hatte er zwischenzeitlich abgebrochen, besuchte aber immer wieder seinen Onkel, der schon ab 1846 in Lüthorst bei Einbeck sein Pfarramt innehatte.

Buschs Situation erschien in künstlerischer und finanzieller Hinsicht derart perspektivlos, dass er 1857 ernsthaft erwog, nach Brasilien auszuwandern, um dort als Bienenzüchter zu leben. Zuvor war 1853 der Imker Friedrich August Hannemann dorthin übergesiedelt, der die deutsche Hausbiene in das südamerikanische Land importiert und es für seine enormen Honigerträge bekannt gemacht hatte: »›Land der Blumen und Insectten‹«, schreibt Busch an Marie Anderson. »Ich wollte auch mal hin und zwar als Bienenzüchter; nach Brasilien, wo in einem Jahre eine Progreßsion von 1 zu 80 möglich ist. Spaßhafte Thiere!« (Bd. 1, S. 145, Nr. 287 vom 18.6.1875)

Die wirtschaftliche Bedeutung des Honigs war bis Anfang des 19. Jahrhunderts immens – aus heutiger Sicht kaum noch vorstellbar. Während der Honig für arme Bevölkerungsgruppen das einzige Süßungsmittel darstellte, war Zucker in Form von importiertem Rohrzucker nur den

Reichen vorbehalten. Mit der Entdeckung der Saccharose in der Runkelrübe jedoch begann 1747 die europäische Zuckerproduktion. Schon 1802 wurde in Schlesien die erste Rübenzuckerfabrik der Welt in Betrieb genommen. Ab 1850 konnte durch Züchtungserfolge der Zuckergehalt in Rüben enorm gesteigert werden (von 6 % auf bis zu 20 % Anfang des 21. Jahrhunderts) und zugleich der Rübenertrag pro Hektar von 20 Tonnen auf bis zu 100 Tonnen heute. Mit der industriellen Herstellung von immer größeren Mengen Rübenzuckers verlor die Produktion von Honig in Deutschland wirtschaftlich an Bedeutung. Möglicherweise lag auch darin ein Grund für Busch, sich doch nicht auf das Wagnis in Brasilien einzulassen. Während seiner Boheme-Zeit hatte sich schließlich doch noch ein gewisser Erfolg eingestellt, Buschs Bilderbogen waren gefragt, und so verlagerte der gescheiterte Maler seinen Wohnsitz von München und später von Frankfurt zurück in das westlich von Hannover gelegene Wiedensahl, um seine alten Eltern zu unterstützen. Sein weiteres Leben verbrachte er zurückgezogen in dörflicher Umgebung: erst in Wiedensahl, später bis zu seinem Tod in Mechtshausen bei Seesen.

Wilhelm Busch entstammte einer passionierten Imkerfamilie, denn nicht nur der Onkel Georg Kleine war Imker, sondern auch seine Brüder Otto, Adolf und Hermann Busch unterhielten Bienenstände. Buschs Briefe aus der zweiten Hälfte der 1860er Jahre zeigen, wie intensiv seine Beschäftigung mit den Bienen in dieser Periode war. Es finden sich poetische Frühlingsschilderungen in Briefen: »[…] die Bienen füllen ihre Honigkrüge im gelbblühenden Raps […]« (Bd. 1, Nr. 38, S. 34 vom 6. 5. 1865 an seinen Verleger Caspar Braun), und auch Bemerkungen zur Bienenwirtschaft seiner Familie: »Mit den Bienen steht es noch immer ziemlich schlecht. Die Linden stehen in Blüthe. Ein Tag war reich an Honig; seit gestern säuselt aber wieder ein perpetuirlicher

Landregen hernieder.« (Bd. 1, Nr. 47, S. 45 vom 4.7.1967 an Hermann Busch)

An seinen anderen Bruder Otto, der in Frankfurt lebte, schreibt Busch im Juni des folgenden Jahres: »Die Bienen machen Dir viel zu schaffen, wie das auch ganz in der Ordnung ist. Hier geht's auch so. Vom Korbe kam am Freitag der Zweitschwarm und hing sich in Meier's Garten an den Birnbaum; auch wieder nur so ein ›Quack‹; woraus wohl auch nur im günstigsten Falle etwas werden wird. – Du schreib[s]t, wir sollten Dir die vier übrigen Kästen voll ›Rähmchen‹ machen laßen. Thu das ja nicht, sondern bleib bei den zwei Reihen Stäbchen; es läßt sich gut damit handtiren, zugleich sind sie dauerhaft, während die Rähmchen nie so genau gearbeitet werden können oder doch im Stocke nie solch gleichmäßiger Temperatur und Feuchtigkeit oder Trockenheit ausgesetzt sind, daß sie nicht durch Verziehen oder Ausluken den größten Verdruß brächten; dazu kommen sie theurer, als der ganze Kasten.« (Bd. 1, Nr. 53, S. 47f.)

Aus Lüthorst, während eines Besuchs bei Onkel Kleine, schreibt Busch am 30. Mai 1869 an seinen Bruder Adolf: »Das Wetter ist hier fortwährend kalt und regnigt. Onkel hat erst zwei Ableger gemacht. Vorgestern kriegte er einen Schwarm, der sich hoch oben in dem bekannten Apfelbaum anlegte, so daß ihn Diekmann (Schneider) mit einer gefährlich langen Stange herabstökern mußte. Es waren 3 Königinnen dabei, wovon eine mit einem Klumpen Bienen hängen blieb, welche Diekmann für seine Bemühung geschenkt kriegte. – Onkel hat einen Bienenlehrling, der in so fern blind ist, als er immer nur einen schmalen Strich vor sich hin sehen kann, wie wenn man etwa durch eine lange, enge Röhre sähe. Ich glaube drum kaum, daß er es in der Immkerei zu Etwas bringen wird.

Otto klagt sehr über seine Bienen. Er hat erst 4 Schwärme, die obendrein noch kleiner sind, als im vorigen Jahr.« (Bd. 1, Nr. 66, S. 53f.)

In der Korrespondenz der Brüder ist die Imkerei ein stetiges Thema. So erhält Adolf ein Jahr später wieder einen Bericht Buschs, diesmal aus Frankfurt, wo er für einige Monate bei seinem Bruder Otto lebt: »Habt Ihr denn auch so einen heißen trocknen Mai, wie wir hier haben? Otto seine Bienenstöcke sind trotz der Dürre ganz voll Honig. Aber mit der Vermehrung sieht es bedenklich aus. Die Schwärme sollten schon längst herunter sein, da hier später nicht viel mehr zu holen ist. Es sind aber erst drei da. Der letzte kam gestern Nachmittag um 3/4 auf Vier, was bei einem Vorschwarm wohl selten ist. Die Akazien stehen in Blüthe, die Linden haben Knospen.« (Bd. 1, Nr. 71, S. 55 vom 31.5.1870)

So verwundert es nicht, dass das Bienenthema sich auch in Buschs Bildergeschichten niederschlägt, und zwar von Anfang an: Schon einer seiner ersten Beiträge für den *Münchener Bilderbogen* (Nr. 242, 1859), die Erzählung *Die kleinen Honigdiebe*, ist dem ihm so am Herzen liegenden Bienenthema gewidmet:

(GA, Bd. 1, S. 28)

In dieser Erzählung versuchen die beiden naschhaften Jungen auf plumpe Weise, Honig aus den Bienenkörben zu stehlen und werden so böse gestochen, dass ihre Gesichter erst nach längerer Bettruhe abschwellen. Zur Abschreckung wird drastisch dargestellt, wie der Dorfschmied die Stacheln der Bienen mit seiner großen Zange herauszieht.

Das Bienenthema behandelte Busch nicht nur auf humoristische Weise, sondern auch in seinen drei bienenkundlichen Texten, die er für das von Georg Kleine 1864 bis 1872 herausgegebene *Bienenwirthschaftliche Centralblatt* schrieb, die hier vollständig nachgedruckt werden. Sie erschienen im Mai (*Kennen die Bienen ihren Herrn?*) und Juni 1867 (*Unser Interesse an den Bienen*) sowie im Februar 1868 (*Das Netz einer Bienenzelle*). Parallel dazu verfasste Busch die Bildergeschichte *Schnurrdiburr oder die Bienen.* Die Arbeit an der Bildergeschichte scheint von äußeren Umständen oft unterbrochen worden zu sein und erstreckte sich über die Zeit vom Vorfrühling 1867 bis Oktober 1868 (vgl. den Forschungsbericht von Pape, S. 54).

Schnurrdiburr erschien 1869 als das letzte größere Werk Buschs, das – vor dem Verlagswechsel zu dem Münchner Verlag Bassermann – noch von Braun und Schneider verlegt wurde. Die Bildergeschichte schildert den Ablauf eines Maitags, an dem die Bienen schwärmen und nicht wieder eingefangen werden können, an dem der naschhafte Eugen, ein entlaufener Bär und ein Honigdieb, verschiedene Versuche unternehmen, Honig zu stehlen, und sie erzählt von der Liebe zwischen der Tochter des Imkers Dralle und dem Lehrer Knörrje. Gerahmt werden diese Begebenheiten von dem lyrischen Stimmungsbild des Frühlings, in dem die kleine Welt eines Bienenvolkes entfaltet wird.

Die drei apistischen Schriften Buschs, die man charakterisieren könnte als »Bienenkunde im Stil eines Feuilletonisten, mit humoristisch-sarkastischem Unterton« (Wiechert, S. 13), und *Schnurrdiburr* weisen viele ähnliche Motivkomplexe auf. Mit der in seinem ersten Beitrag gestellten Frage

»Kennen die Bienen ihren Herrn?« setzt Busch sich in humorvoller Weise auseinander, beantwortet sie mit einem »rauhen, prosaischen Nein!« und geht sogar so weit, die Imker als »die allergrößten Honigdiebe unter der Sonne« zu bezeichnen, die im Herbst auch noch ihre Bienen zu Tode räuchern. Dies entspricht in *Schnurrdiburr* der spöttelnden Rede der Bienenkönigin vor ihrem Hochzeitsflug (2. Kapitel):

Es sammelt sich das Volk im Kreise,
Denn also spricht die Königin:

»Auf, Kinder! schnürt die Bündel zu!
Er schnarcht, der alte Staatsfilou! –
Nennt sich gar noch Bienenvater!
Ein schöner Vater! Sagt, was tat er?
Und wozu taugt er?
Aus seinem Stinkehaken raucht er! –
Ist ein Gequalm und ein Geblase,
Ewig hat man den Dampf in der Nase! –
Da hält man sich nun im Sommer knapp,
Schleppt und quält und rackert sich ab;
Denkt sich was zurückzulegen,
In alten Tagen den Leib zu pflegen …
Ja wohl!
Kaum sind Kisten und Kasten voll,
Trägt uns der Schelm den Schwefel ins Haus
Und räuchert und bläst uns das Leben aus. –
Kurzum! er ist ein Schwerenöter!
Ein Honigdieb und Bienentöter! –
Drum auf und folgt der Königin!!«

Schnurrdiburr! da geht er hin!
(GA, Bd. 2, S. 15 f.).

Auch sonst gleichen sich die Bilder, mit denen Busch das Bienenvolk beschreibt:

Für Diebe ist hier nichts zu machen,
Denn vor dem Tore stehn die Wachen.
[...]

Schau! Bienenlieschen in der Frühe
Bringt Staub und Kehricht vor die Tür;
Ja! Reinlichkeit macht viele Mühe,
Doch später macht sie auch Pläsier.

Wie zärtlich sorgt die Tante Linchen
Für's liebe kleine Wickelkind!
»Hol Wasser!« ruft sie, »liebes Minchen,
Und koch den Brei, und mach geschwind!«

Auch sieht die Zofen man, die guten,
Schon emsig hin- und wiedergehn;
Denn Ihre Majestät geruhten
Höchstselbst soeben aufzustehn.

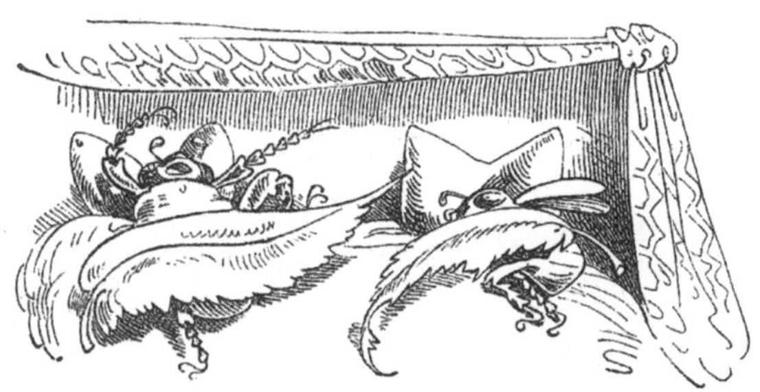

Und nur die alten Brummeldrohnen,
Gefräßig, dick und faul und dumm,
Die ganz umsonst im Hause wohnen,
Faulenzen noch im Bett herum.

»Hum!« brummelt so ein alter Brummer,
»Was, Dunner! ist es schon so spät!?
He, Trine! lauf einmal herummer
Und bring uns Honigbrot und Met!« –
»Geduld!« ruft sie, »ihr alten Schlecker!«
Und fliegt zu Krokus, dem Bienenbäcker. –

(GA, Bd. 2, S. 6-8)

Eine Parallele zu der gefühlvoll evozierten Frühlingsstimmung in *Unser Interesse an den Bienen* ist die Maistimmung in *Schnurrdiburr*, wie sie sich gleich zu Beginn des 1. Kapitels manifestiert:

Sei mir gegrüßt, du lieber Mai,
Mit Laub und Blüten mancherlei!

Seid mir gegrüßt, ihr lieben Bienen,
Vom Morgensonnenstrahl beschienen!
(GA, Bd. 2, S. 6)

Die »Schänken« und »Brodläden« der Passage in *Unser Interesse an den Bienen* (»Nichts, mein' ich, kann auch eines deutschen Imkers Herz so sehr bewegen, wie der andrängende Frühling seiner Heimath«) werden in *Schnurrdiburr* von dem Liebespaar Aurikel und Krokus betrieben. Der Bär, ebenfalls Protagonist in *Schnurrdiburr*, durch den die Menschen vor Urzeiten überhaupt erst auf die Honigquelle aufmerksam wurden, taucht bereits im 1860 veröffentlichten *Naturgeschichtlichen Alphabet* auf (erschienen in drei Teilen in den *Fliegenden Blättern*):

Die Biene ist ein fleißig Tier,
Dem Bären kommt das g'spaßig für. (GA, Bd. 1, S. 56)

Selbst die mathematisch-trockene Konstruktionsanleitung einer Bienenwabe im dritten Aufsatz *Das Netz einer Bienenzelle* wird in *Schnurrdiburr* widergespiegelt. Wie Ralph Dutli in seinem *Lied vom Honig* so schön erklärt, ist die »Biene [...] eine natürliche Geometerin, das Sechseck jeder Zelle – ein Gebilde von unglaublicher Präzision. Alle Winkel betragen exakt 120 Grad. [...] Das Hexagon ist optimal für platzsparende Anordnung, Energieverbrauch und Solidität, ein Muster perfekter Bauökonomie.« (S. 39) Diese Baukunst wird von den honigsammelnden Insekten vollbracht: Und all die wackern Handwerksleute / Die hauen, messen stillvergnügt,

Bis daß die Seite sich zur Seite
Schön sechsgeeckt zusammenfügt.
(GA, Bd. 2, S. 6)

Buschs Beschäftigung mit der Imkerei muss im historischen Kontext des 19. Jahrhunderts gesehen werden. Zu Lebzeiten des Autors waren der Bienenzucht durch deutsche Imker wegweisende Impulse gegeben worden. Im Mittelalter hatte sich aus der gelegentlichen Honigsuche die Tätigkeit des Zeidlers, des Honigsammlers, entwickelt. Noch zu Buschs Zeiten wurden Bienen in Körben gehalten (siehe den oben zitierten Brief Nr. 53 von 1868), doch aufgrund der Erfindung August v. Berlepschs (1815-1877) setzte sich ab 1853 nach und nach die Kastenimkerei mit beweglichen Waben durch. Auch staatlicherseits wurde versucht, die Honigproduktion in Deutschland zu fördern. Es entstanden zahlreiche Imkervereinigungen und -zeitungen, wie auch das von Buschs Onkel herausgegebene *Bienenwirthschaftliche Centralblatt*. 1865 wurde in Österreich eine neuartige Honigschleuder entwickelt. Die Fortschritte in Technik und Naturwissenschaft fanden auch in der Imkerei ihre Anwendung.

»Als der erste aller deutschen Bienenväter, als das ›von Gott besonders begnadigte Bienengenie‹, wie man ihn genannt hat, muß der bekannte Johann Dzierzon bezeichnet werden, der, ein Schlesier von Geburt, seit mehr als dreißig Jahren als katholischer Hülfspfarrer zu Karlsmarkt in seinem Heimathlande wirkt.« Dzierzon (1811-1906) hatte »die Lehre von der Parthenogenesis (der jungfräulichen Zeugung) aufgestellt« (Altmeister, S. 598), die Wilhelm Buschs Onkel Georg Kleine mit hatte durchsetzen können.

Dzierzon
August Freiherr v. Berlepsch
Rudolph Leuckart Ernst v. Siebold
Georg Kleine

Busch griff alle bienenkundlichen Themen auf, die damals in der Luft lagen, und verarbeitete sie in seinen Bildergeschichten sowie in seinen drei Aufsätzen.

Was es mit der sogenannten Jungfernzeugung, der eingeschlechtlichen Fortpflanzung, auf sich hat, erklärt Busch in einem Brief an Marie Anderson vom 7. Juli 1875 (Bd. 1, Nr. 296, S. 149):

> Bis in die fünfziger Jahre galt als bombenfest der Satz: Nur das befruchtete Ei ist entwicklungsfähig.
> Hören Sie nun mal etwas über Bienen!
> Im Bienenstaate ist die Königin das einzige Weibchen; sie begattet sich ihr lebelang nur ein einziges Mal. Sie empfängt das Sperma in einem kleinen Samenbläschen, welches in den Legekanal mündet, um, wenn ein Ei vorbei passirt, an dieses die nöthigen Samenthierchen abzugeben, die dann bekanntlich durch eine kleine Öffnung in dasselbe eindringen. Die Königin legt nun ihre Eier in Drohnenzellen und Bienenzellen. In den ersteren entwickeln sich Drohnen, d. h. Männchen, in den andern Arbeitsbienen, d. h. unvollkommene Weibchen. Nun hat man folgendes beobachtet:
> 1) Zuweilen legt eine Königin nur Drohneneier. Untersucht man dann ihr Samenbläschen, so ist es leer.
> 2) Eine italienische JungfrauKönigin, mit deutschen Drohnen gepaart, vererbt ihre Abzeichen ganz rein nur auf die männlichen Nachkommen. Die Drohnen sind echt, die Weibchen sind Mischlinge.
> 3) Man drückte befruchtete Königinnen mit einer kleinen Zange an der Stelle ihres Leibes, wo das Samenbläschen liegt. Von der Zeit an legten sie nur Drohneneier.
> 4) Man untersuchte Bieneneier und Drohneneier mit dem Mikroskop. In keinem einzigen Drohnenei fanden sich Samentierchen.

Was folgt hieraus?

Antwort: Hier findet Parthenogenesis statt.

Ich hoffe, Sie werden daraus auch ohne mich eine hübsche Nutzanwendung machen in Bezug auf die Würde der Frauen im allgemeinen und die unbefleckte Empfängniß in's besondere.

Aber Scherz beiseit!

In der Forschung wird angenommen, dass es sich bei *Schnurrdiburr* um eine Brotarbeit Buschs gehandelt hat. Das legen die zahlreichen Briefe Buschs nahe, in denen er seinen Verleger Caspar Braun um weitere Holzstöcke für den Druck sowie um Honorarzahlungen bittet (z.B. in den Briefen Nr. 52, S. 47 vom 7.6.1868; Nr. 54, S. 49 vom 19.8.1868; Nr. 61, S. 51f. vom 10.2.1869; Nr. 63, S. 52f. vom 21.2.1869; Nr. 65, S. 53 vom 2ten Pfingsttag 1869, alle Bd. 1). Natürlich war es für den gescheiterten Maler wichtig, sein Leben in finanzieller Hinsicht abzusichern, und er war von den Honoraren abhängig. Doch gegen eine solch einseitige Annahme sprechen zunächst die poetischen Naturschilderungen, die sich in Buschs Briefen immer dann finden, wenn er an besonders geschätzte Adressaten schreibt, z.B. an Johanna Keßler und Marie Anderson – beide Frauen wurden von Busch verehrt. Solche lyrischen Passagen können als Indikator dafür angesehen werden, dass Busch sein ganzes Herzblut in diese Formulierungen hineingesteckt hat. Poetische Stimmungsbilder charakterisieren sowohl *Schnurrdiburr* als auch die bienenkundlichen Aufsätze. Und in all diesen Texten bildet sich etwas ab, das man die Weltanschauung Buschs nennen kann. Sie ist geprägt worden von der Philosophie Arthur Schopenhauers (1788-1860) und den neuen Erkenntnissen Charles Darwins (1809-1882).

Schopenhauers Hauptwerk *Die Welt als Wille und Vorstellung* war Ende 1818 erschienen; die zweite 1844 veröffentlichte Auflage wurde um einen zweiten Band vermehrt. Mit Schopenhauers Werken hatte Busch sich in den 1860er Jahren eingehend beschäftigt und sich vor allem dessen Grundanschauung zu eigen gemacht, wonach der Wille zum Leben die Wurzel und das Wesen aller Dinge sei. Menschen, Tiere und Pflanzen sah er als Glieder einer Kette und von einer Kraft erfüllt, dem allgewaltigen Drang zum Leben.

Die Lehre Darwins betrachtete der naturkundlich interessierte Busch als Ergänzung der Schopenhauer'schen Lehre und seiner eigenen Anschauungen. Darwin hatte 1859 in *On the Origin of Species by Means of Natural Selection. Or The Preservation of Favoured Races in the Struggle for Life* (deutsche Übersetzung 1860: *Über die Entstehung der Arten im Thier- und Pflanzenreich durch natürliche Züchtung*) dargelegt, dass die Gemeinsamkeiten zwischen allen Lebewesen »im Kampf um's Daseyn« liegen. Busch schreibt am 24.6.1875 an seine Briefpartnerin Marie Anderson: »Darwin's Theorie [...] ist höchst intereßant. Die Entwicklung des Höheren aus dem Niederen bis vom Einfachsten herauf hat etwas Bedeutungsvolles. Ob das nun so ist, oder nicht – die Ähnlichkeit ist da, und der Nachweis dieser durchgehenden Ähnlichkeit stimmt gut mit dem Gesichtspunkt überein, den mein Schädel nun mal unwiderruflich eingenommen hat.« (Bd. 1, Nr. 291, S. 147)

Eine vermenschlichende Darstellung von Tieren in naturkundlichen Texten war spätestens seit dem großen Erfolg von *Brehms Thierleben* üblich geworden, das 1864 bis 1869 in sechs Bänden erschienen und gerade wegen seiner Mischung aus Wissenschaftlichkeit und der Anthropomorphisierung der Natur zum Volks- und Hausbuch geworden war. Die naturkundliche Literatur dieser Zeit hatte bis dahin vorzugsweise anatomische und systematische Fragen behandelt und war daher für ein breites Publikum wenig anziehend. So heißt es im *Brehm* über die Bienen: »Die

Bienen leben in einem wohlgeordneten Staate, in welchem die Arbeiter das Volk, ein von diesem erwähltes, fruchtbares Weibchen die allgemein geliebte und gehätschelte Königin (auch Weisel genannt) und die Männchen die wohlhäbigen, vornehmen Faullenzer darstellen, die unumgänglich nöthig sind, aber nur so lange geduldet werden, als man sie braucht. Diese Einrichtung ist darum so musterhaft, weil jeder Theil an seinem Platze seine Schuldigkeit im vollsten Maße thut, weil keiner mehr oder weniger sein will als das, wozu ihn seine Leistungsfähigkeit bestimmt.« (S. 204)

Diese Ideen lagen in der zweiten Hälfte des 19. Jahrhunderts in der Luft, wie Gert Ueding in seinem inspirierenden Buch *Wilhelm Busch. Das 19. Jahrhundert en miniature* (1977, erweiterte Auflage 2007) lebendig darstellt. Es waren nach und nach viele Zoologische Gärten eröffnet worden (London 1828, Berlin 1838 und Hannover 1865), die große Neugierde und auch eine Art anthropologisches Interesse an der eigenen Naturgeschichte erregten, denn das Leben im Zoo wurde als Spiegel des menschlichen Lebens angesehen. In der zweiten Hälfte des 19. Jahrhunderts wandte sich die Naturwissenschaft ab von den im Zoo gehaltenen, schon wegen ihrer Größe so imposanten Tieren aus Afrika und Asien und beschäftigte sich mehr mit den sozialen Insekten. 1876 erschien *Aus dem Geistesleben der Thiere oder Staaten und Thaten der Kleinen* von Ludwig Büchner (1824-1899, einem der wichtigsten Vertreter des naturwissenschaftlichen Materialismus), dessen *Kraft und Stoff* (1855) außerordentliche Popularität genoss. Der jüngere Bruder des Dichters Georg Büchner zielte in die gleiche Richtung wie Busch mit seiner These, »daß zwischen dem Denken und Wollen und Empfinden des Menschen und demjenigen der Thiere die frappanteste Aehnlichkeit und ein oft nur gradweiser Unterschied stattfindet« (zit. nach Ueding, S. 144). Die Vorstellung, dass das Leben der Menschen, aus großer Höhe betrachtet, dem Gewimmel von Ameisen ähnele, brachte einen Wechsel der Perspektive mit sich. Man erkannte, dass die unscheinbaren sozialen Insekten durch ihre Organisation in der Lage sind, enorme Leistungen zu erbringen; Ludwig Büchner sah in der Insektenwelt geradezu ein Vorbild für menschliche Organisationsformen.

Dementsprechend hat auch Buschs Interesse an den Bienen »in einer gemeinsamen Wurzelverwandschaft aller Dinge ihren letzten Grund«. Der Wille zum Überleben, der in den Bienen lebendig wird, äußert sich in allen ihren Handlungen: Die Organisation des Bienenstaates, das Ausschwärmen und auch die Fortpflanzung sind durch ihren Instinkt geprägt. Dass auch die Menschen instinktgeleitete Wesen sind, zeigt sich in *Schnurrdiburr* vor allem bei der extremen Naschhaftigkeit des Jungen Eugen, der schließlich Honig ergaunern kann und auch bei dem Betrug Dralles, der sein von Bienen gestochenes, stark angeschwollenes Schwein teuer verkaufen kann: Der Schlauere, auf seinen Vorteil Bedachte siegt.

Auch Buschs Anthropomorphisierung der Bienen, sowohl in der Bildergeschichte als auch in den bienenkundlichen Schriften, kann man in diese Richtung hin deuten. Sie steht zu der »scharf gefaßten tierischen Gestalt in Kontrast« (Campe, S. 5). Diese Gegensätzlichkeit in Wort und Zeichnung spiegelt den damals empfundenen Antagonismus zwischen dem instinktgeleiteten Verhalten der Tiere und der menschlichen Zivilisation wider, wobei Letztere immer bloß Firnis bleibt. Indem das natürliche Leben der Bienen mit Kategorien und Begriffen des menschlichen Soziallebens beschrieben wird, erscheint dieses umgekehrt als naturwüchsige Organisation. Diese Erkenntnis thematisiert Busch in fast allen seinen Bildergeschichten.

Sechs Jahre vor seinem Tod fasst der 76-jährige Busch das Thema seiner Beschäftigung mit den Bienen noch einmal zusammen. In einem Brief an den Bienenzüchter Emilio

Schenk, der 1896 nach Brasilien ausgewandert war und dort die Zeitschrift *Brasilianische Bienenpflege* gegründet hatte, schreibt er: »In den fünfziger Jahren des vorigen Jahrhunderts wurde ich durch einen Bruder meiner Mutter, den berühmten Apistiker Pastor Kleine, theoretisch und praktisch in die Bienenzucht eingeführt, zu einer Zeit, als die Entdeckungen Dzierzon's, für die mein lieber Onkel sehr eifrig kämpfte, uns alle in Aufregung versetzten. Außerdem erschienen damals die verlockenden Berichte Hannemann's aus Brasilien; so kam es, daß ich mir in der ersten Begeisterung vornahm, als Immker dorthin zu gehn. Es sollte nicht sein; ich gerieth auf andere Bahnen; bin auch niemals Bienenvater geworden; aber die Liebe zur Sache hab ich behalten.« (Bd. 2, Nr. 1385, S. 203 vom 5.12.1902)

Und so findet sich auch in der vier Jahre vor seinem Tod veröffentlichten Gedichtsammlung Buschs *Zu Guter Letzt* ein Bienengedicht. Die launigen Verse greifen als eine Art bienenkundliche Parodie die apistischen Motive noch einmal auf.

Verlust der Ähnlichkeit

Man sagt, ein Schnäpschen, insofern
Es kräftig ist, hat jeder gern.
Ganz anders denkt das Volk der Bienen.
Der Süffel ist verhaßt bei ihnen,
Sein Wohlgeruch tut ihnen weh.
Sie trinken nichts wie Blütentee,
Und wenn wer kommt, der Schnäpse trank,
Gleich ziehen sie den Stachel blank.
Letzthin hat einem Bienenstöckel
Der brave alte Schneider Böckel,
Der nicht mehr nüchtern in der Tat,
Aus Neubegierde sich genaht.

Sofort von einem regen Leben
Sieht Meister Böckel sich umgeben.
Es dringen giftgetränkte Pfeile
In seine nackten Körperteile,
Ja, manche selbst durch die nur lose
Und leichtgewirkte Sommerhose,
Besonders, weil sie stramm gespannt.
Zum Glück ist Böckel kriegsgewandt.
Er zieht sich kämpfend wie ein Held
Zurück ins hohe Erbsenfeld.
Hier hat er Zeit, an vielen Stellen
Des Leibes merklich anzuschwellen,
Und als er wiederum erscheint,
Erkennt ihn kaum sein bester Freund.
Natürlich, denn bei solchem Streit
Verliert man seine Ähnlichkeit.
(GA, Bd. 4, S. 325 f.).

Christiane Freudenstein

Kennen die Bienen ihren Herrn?

Jeder von uns, der das Glück gehabt hat, seine Kinder- und Jugendjahre im wahren, innigen Verkehr mit der freien Natur zu verleben, sei er nun auf dem Lande erzogen, oder nur zeitweilig hinausgewandert aus der staubigen Stadt, durch Wiesen und Felder, unter die schattigen Obstbäume des Dorfes, jeder von uns, denke ich, wird sich aus der Scenerie jener Tage einer eigenthümlich interessanten Gestalt erinnern – der Gestalt eines sogenannten Bienenvaters.

Mit heiterem Staunen und lächelnder Bewunderung sehen wir einen schon bejahrten Mann in Zipfelkappe, kurzer blauer Jacke, schwarzen Kniehosen, blauen Strümpfen und Lederpantoffeln, die kurze Pfeife im Munde, an einem heimlichen Gartenplätzchen unter flüsternden Blütenbäumen, abgeschlossen, still und für sich, inmitten der sumsenden Bienen, vor seinen Körben stehen.

Wir kennen die Bienen zu jener Zeit nur aus hübschen Gedichten, Gleichnissen und ernsten Warnungen; wir sehen sie in Garten und Wiese an den Blüten baumeln; aber nur mit scheuem Blick und aus respektvoller Ferne wagen wir auf den Bienenstand eines Imkers zu schauen. Wir können nicht umhin, dem kühnen Manne, der sich so ungescheut den augenscheinlichsten Gefahren aussetzt, unsere aufrichtige Bewunderung zu zollen.

»Kennen denn die Bienen ihren Herrn?« pflegten wir dann wohl zu fragen. – »Gewiß!« – lautete die Antwort – »die Bienen werden ja doch ihren Vater kennen. Ja, so treu und anhänglich sind sie, daß, wenn der Bienenvater stirbt, auch sie gar bald dahin siechen und sterben.«

Dieses Bild der Biene werden wohl die meisten Menschen, die keine Veranlassung haben, sich näher darüber zu unterrichten, aus ihrer Jugendzeit auch in die späteren Jahre mit hinübernehmen. Frühlingsblume in Garten und Wiese – der süße Geruch des Honigs – warmer Sonnenschein und heimliches Summen – Honigkuchen und Pfeffernüsse – – eine dunkle Ahnung von merkwürdigem Haushalte und wunderbar weiser Einrichtung der Natur – – vor allen Dingen aber ein Heer geschwollener Nasen und rother Ohren – kurz, ein Gemisch von unbestimmter Bewunderung und heimlichem Grauen – das ungefähr werden die Bilder und Gefühle sein, welche vor der Phantasie und im Herzen des Laien auftauchen, wenn von Bienen die Rede ist. – Auch hier wird man uns gar häufig mit der Frage begegnen: »Nicht wahr, die Bienen kennen ja wohl ihren Herrn?«

Da will ich nun im Voraus alle gefühlvollen Seelen um Entschuldigung gebeten haben, wenn ich hier gegen jenes schöne Luftschloß der Poesie einen Angriff unternehmen, wenn ich jene zärtlichen Gefühle den Bienen absprechen und die Frage »Kennen die Bienen ihren Herrn?« mit einem rauhen, prosaischen Nein! beantworten muß. Auch brauche ich wohl nicht zu bemerken, daß diese Antwort nur dem Laien und angehenden Apistiker, nicht aber dem erfahrenen Bienenfreunde und Beobachter gelten kann, denn der würde jene Frage nicht stellen, weil er sie längst selbst beantwortet hat.

Bei der Begründung meiner Antwort gedenke ich nun die Königin nebst den Drohnen sehr kurz abzufertigen und gleich von vornherein auszuschließen.

Was die Drohnen anbelangt, so lungern sie entweder zu Hause bei den Honigtöpfen herum, oder gehen als muntere Freier auf galante Abenteuer aus. Die Liebe aber ist theilnahmlos, außer in einem Punkte; den geliebten Gegenstand ausgenommen, will sie Niemanden sehen und von Niemandem gesehen werden.

Die Königin ihrerseits lebt im Innern des Stocks, von Bienen umgeben. Fliegt sie aus, so thut sie es beim Schwärmen, also mit der Absicht, ihren Bienenvater böswillig zu verlassen; oder aber in einer der dringendsten Herzensangelegenheiten, nämlich sich zu vermählen, wobei begreiflicher Weise der Vater Imker keine Berücksichtigung finden kann.

Es bleiben für unsere Betrachtung demnach diejenigen Bienen, welche man vorzugsweise so zu benennen pflegt, also die Arbeitsbienen, noch übrig.

Solch eine Arbeitsbiene ist ein merkwürdig in sich verschlossenes, auf ganz bestimmte Thätigkeiten erpichtes Geschöpf. Geschlechtslos, ohne eigentliche Leidenschaft, thut sie ihre Pflicht mit einer Ausdauer, mit einer fatalistischen Todesverachtung, als ob sie dazu beeidigt wäre. Sie bedient die Königin, sie stellt die Wachen, sie mißt und mauert die wunderbaren Polygone und Weiselwiegen, sie kocht den Kinderbrei für die heranwachsende Brut, sie lüftet die Gemächer, fegt den Kehricht vor die Thür und begräbt die Todten. – Das wären ihre häuslichen Geschäfte. – Aber sie hat auch das Portefeuille der auswärtigen Angelegenheiten. – Schau sie nur an, wie sie am sonnigen Morgen vor dem Flugloche erscheint, sich die Augen ausreibt, die Handschuhe anzieht und dann im Zickzack davon saust auf den gelben Raps der Domaine, die duftende Linde des Schloßparkes, oder die weite röthliche Heide, – wie sie dann zurückkehrt mit dem schweren Honigkruge, dem wohlgefüllten Brodkorbe, um sie auszuleeren in die gemeinsamen Zellenmagazine des Staates; und das fort und fort, vom frühen Morgen bis zum Untergange der Sonne. Diese unausgesetzte Thätigkeit führt sie in den meisten Fällen einem frühzeitigen Tode entgegen. Die Flügel nutzen sich ab, die Kräfte erschlaffen; Meisen, Schwalben, Hornissen und sonstige Wegelagerer stellen ihnen nach; der Sturm und der Regen schlägt sie nieder und der verrätherische Spiegel des Stromes lockt sie in die Tiefe. So wird die Sommerbiene, wie Dzierzon uns bewiesen, etwa sechs Wochen alt. – Von der Winterbiene kann aber hier natürlich gar nicht die Rede sein, da sie, von jedem Außenverkehr zurückgezogen, nur der stillen Häuslichkeit sich widmet. – Wo würde nun wohl die Flugbiene die Zeit hernehmen, auch noch den guten Bienenvater mit einer besonderen Aufmerksamkeit zu beehren?

Freilich! diejenigen Arbeitsbienen, welche gerade auf Posten stehen, werden es gewiß nicht unterlassen, den Herrn Imker etwas näher zu fixiren. Aber wenn es erlaubt ist, sich in die Anschauungsweise eines Insekts zu versetzen, und anzunehmen, daß es, wie wir, den Maßstab seiner eigenen Größe anlegt, so möchte in den Augen einer Biene der genannte Herr etwa wie ein bedrohlich dunkler Riese erscheinen, mit listig funkelnden Augen und in eine blaue Dampfwolke gehüllt, welche die Sonne verfinstert. Also nicht sehr liebenswürdig. Uebrigens frage ich jeden braven Imker auf sein Gewissen, ob er in derartigen Momenten der Annäherung und Aufmerksamkeit jemals bei der betreffenden Biene eine freundschaftliche Zuneigung oder Bekanntschaft, wie sie die angeregte Frage zu involviren scheint, beobachtet hat oder voraussetzen konnte. Ich glaube nicht, daß er Ja! sagen, oder gar die erwähnte blaue Dampfwolke wird wegläugnen wollen.

Gut! – wird unser fragender Bienenfreund sagen – Gut! aber der geehrte Bienenvater wird doch nicht immer nur so dastehen; er wird doch wenigstens im Frühling unter die Körbe schauen, er wird, wenn er Dzierzonkasten hat, hie und da das ganze Ding aus einander nehmen; er wird Ableger machen – kurzum! – in jeder Beziehung nähere Bekanntschaft anzuknüpfen suchen. – Ganz recht, mein Freund! werde ich sagen. Aber leider muß ich gestehen, daß wir Imker in solchen Augenblicken, wo wir mit unseren Bienen wirklich handgemein werden, von der angestaunten Heldenhöhe unserer Imkercourage gar bedenklich herniedersteigen. Die meisten von uns pflegen dann selten anders zu erscheinen, als im allertiefsten Incognito. Gewappnet mit schönen warmen Fausthandschuhen, das theure Haupt sorgsam vermummt in die Bienenkappe, würden sie im Carneval von ihren besten Freunden schwerlich erkannt werden; wievielweniger von den Bienen. Und auch selbst unsere kühneren Geister werden es sodann kaum verschmähen, den Bienen einen derartigen Tabaksrauch in Nase und Augen zu blasen, daß ihnen Hören und Sehen vergeht. Es ist unglaublich, wie viel Zigarren der Mensch rauchen, oder wie oft er seine Pfeife stopfen muß, wenn er Ableger macht; und da nun Consum und Geld in gleichem Verhältnis stehen, der verständige Mann aber nicht immer in der Lage ist, sich die beste Qualität zu acquiriren, so ist es begreiflich, daß, abgesehen von andern Gründen, durch derartige Räucherungen die Sympathie der Bienen wohl schwerlich zu gewinnen ist.

Aber gesetzt den Fall, wir dürften der übrigens löblichen Biene eine so bedeutende Intelligenz zugestehen, daß sie ihre Lage und ihr Verhältnis zu ihrem Herrn in gehörigem Umfange übersehen könnte, so würde sie sich vermuthlich gegen den von der Menschenwelt octroyirten Namen des Bienenvaters gar höflichst zu verwahren suchen. Was thut denn auch dieser sogenannte Bienenvater in den meisten Fällen eigentlich, um sich diesen so wohllautenden, ehrenwerten Namen zu verdienen?! Er schaut eben der ganzen Geschichte recht gemüthlich zu, wartet bis der Herbst kommt, kauft sich den verruchten, mörderischen Schwefel, verpitschirt die Fluglöcher und räuchert, wie der alte Pelissier die Beduinen, das ganze, gute, brave, arbeitsame Völklein so lange bis es todt ist. Dann hängt er sich an die Presse, drückt und siedet, macht sich sodann flugs auf die Sohlen, verkauft Honig und Wachs für schweres Geld und freut sich, als wenn er den Lork am Stricke hätte. – Das wäre der Körbler. – Aber der Kästler ist auch nicht viel besser. – Da wählt er sich im Herbst seine Opfer aus, nimmt ihnen die Königin nebst allem Hab und Gut, und nachdem er den Bienen ihr kümmerliches Bündel geschnürt, giebt er ihnen den Bettelstab in die Hand: Da! Nun geht und sucht euer Brod vor fremder Leute Thüren!

Kurzum! Wir Imker sind, aufrichtig gesagt, eigentlich die allergrößesten Honigdiebe unter der Sonne; ein Name, bei dem uns die Bienen auch jedenfalls rufen würden, wenn sie nur könnten.

Zum Schlusse will ich nicht versäumen, jener zu Anfang erwähnten rührenden Sage Gerechtigkeit widerfahren zu lassen, jener Sage, daß dem hingeschiedenen Bienenvater die getreuen Bienen, gewissermaßen in untröstlicher Anhänglichkeit an den hochverehrten Freund, recht baldigst nachzufolgen pflegen. Dieser alten, weitverbreiteten Sage liegt jedenfalls etwas Wahres zum Grunde, und wäre es gar nicht uninteressant, wenn man einige derartige Fälle konstatiren könnte. Es würde sich sodann vermuthlich das überraschende Resultat herausstellen, daß diese Todesfälle sammt und sonders in die Zeit des Frühjahrs fallen; daß aber von all den betreffenden Imkern die Geschichte etwa Folgendes zu vermelden hätte: Sie winterten im Herbst lauter schwache Stöcke ein; sie kriegten Angst als der Frühling herannahte; sie gingen hinaus um zu füttern; sie hatten sich aber unvorsichtiger Weise nicht warm angezogen, obschon ein kühler Ostwind wehte; in Folge dessen zogen sie sich einen Katarrh zu, woraus eine Lungenentzündung entstand, welche den Tod zur Folge hatte. Die Bienen aber, als die würdigen Väter mit ihren Futtertrögen nicht wieder kamen, verfielen in Purganz und Hungersnoth und folgten ihrem Herrn und Meister.

Demnach und nach allem diesen müssen wir die zarte, wohlgemeinte Frage: Nicht wahr, die Bienen kennen ihren Herrn? am Ende wohl mit Nein! beantworten. Unser ganzes, schönes Renommé, mit unsern Bienen in einem gegenseitigen freundschaftlichen Verhältnisse zu leben, wozu die Bienen ihrerseits weder Zeit, Gelegenheit, noch triftige Gründe haben, beschränkt sich eben auf einige

Schliche und Kniffe, ein ruhiges, gesetztes, würdevolles Benehmen, wodurch wir der Kreatur zu imponiren und sie zu behandeln wissen. Dies darf der Wahrheit zu Ehren nicht verschwiegen werden, obschon dadurch unsere sonst allbekannte Liebenswürdigkeit nach der Seite der Bienen hin einen empfindlichen Stoß erleidet.

Der wahre Imker ist der Platonische »Philosoph auf dem Throne«. – Er sagt mit dem großen Politiker der Gegenwart: »Die Immen müssen bedenken, daß sie unter einem absoluten Regiment stehen«; und darum singen wir mit Sarastro in der Zauberflöte:

Zur Liebe kann ich dich nicht zwingen,
Doch geb' ich dir die Freiheit nicht.

Unser Interesse an den Bienen

Wir leben in den Tagen des Materialismus. – Der lustige blaue Dampf – vor Zeiten nur als heiteres Wolkengebilde am Himmel ziehend – aus der friedlichen Pfeife sich kräuselnd, oder aus knisterndem Reisig quellend, um das Auge der Jungfrau Köchin mit schmerzlichen Thränen zu füllen – der Opferdampf, das Symbol der emporstrebenden Andacht – der Göttermantel – der vielgestaltige Freund unserer Phantasie – er ist zum Sklaven geworden. In Büchsen eingezwängt, schleppt er uns ewig Rastlosen mit unwilligem Grunzen von Ort zu Ort. Er webt, er spinnt, er drischt für uns. Aktien! Aktien! so geht es von Mund zu Munde. – Immerhin! – Wir aber als harmlose Biederleute sitzen rauchend im traulichen Dämmerstübchen, schauen den freien Spielen des Dampfes zu und kosen von unseren Bienen.

Wie kommt's denn nur, daß diese unscheinbaren Thierchen unser Interesse so sehr in Anspruch nehmen?

Kopf, Herz und Magen und der äußere Repräsentant des letzteren, der ideale Inbegriff aller Ergötzlichkeiten, der Geldbeutel, schwingen sich, wie immer so auch hier, im lustigen Wechselreigen.

Sehr verdrießlich mag wohl derjenige unserer Vorfahren über das Ungeziefer geschimpft haben, der zuerst unversehens in den Urwäldern einem Bienenneste zu nahe trat; aber wir trauen seinen intellektuellen Fähigkeiten, seiner urwüchsigen Pfiffigkeit hoffentlich nicht zu viel zu, wenn wir annehmen, daß er dem eigentlichen Sachverhalte baldigst auf die Spur gerathen. Furchtsam hinter einem Baume versteckt, hat er vielleicht seinem haarigen Waldbruder, dem Bären, zugeschaut, welcher, besser bewandert in diesen Dingen, den süßen Inhalt des Honigstamms mit behaglichem Brummen sich zu Gemüthe führte. Es läßt sich annehmen, daß der Bär, von seinem Frühstücke zurückkehrend, den listig lauschenden Zweihänder gar wohl bemerkt und, einen Konkurrenten witternd, ein recht verdrießliches Gesicht geschnitten habe; worauf denn auch die uralte poetische Strophe:

Gar grimmig ist der wilde Bär,
Wenn er vom Honigbaum kommt her,

ohne allen Zweifel zurückzudeuten ist. Unser geehrter Vorfahr wird sodann ohne Verzug sich ermannt, den Honig verkostet und approbirt, den Baumstumpf aber abgesägt und, in mißtrauischem Hinblick auf den gefräßigen Bären, ganz in der Nähe seiner heimatlichen Hütte aufgestellt haben. Sicher hatte unser Freund auch schon Familie; der Honig fand Beifall, der Bedarf ward größer, und nach Verlauf einer nicht geraumen Zeit zierte wahrscheinlich eine hübsche Reihe von Klotzbeuten sein Gehöfte. Hier hätten wir nun den ersten regelrechten Imker, den Stammvater unserer ehrenwerthen Zunft, die nun in vollem Glanze über alle deutschen Gauen sich verbreitet hat.

Das ehemalige Königreich Hannover zählt allein 300,000 Standstöcke (siehe Kleine, Die Biene und ihre Zucht), welche ein Grundkapital von 1,500,000 Thlr. mit 100 Procent, oder 30,000,000 Thlr. mit 5 Procent Zinsen repräsentiren. Nehmen wir nun bescheidentlich an, daß jeder Mutterstock zwei Schwärme giebt und jeder Schwarm 15 Pfd. Honig, so liefern jene 300,000 Standstöcke jährlich 9,000,000 Pfd. Honig. Eine 10 Zoll breite und 2 Zoll hohe Stäbchenwabe enthält aber 1 Pfd. Honig, und Hannover zählt etwa 2,000,000 Einwohner. Wollen wir nun einmal freigebig sein und all diese Süßigkeiten unter die Bewohner des Landes vertheilen, so können wir männiglich eine recht hübsche anständige Wabe von mehr als 8 Zoll Länge und 10 Zoll Breite in die Hand geben, wozu wir denn auch freundschaftlichst besten Appetit wünschen.

Das wäre nun freilich ein hübscher Ertrag, wenn nur das ewig unersättliche Menschenherz jemals zufrieden gestellt werden könnte. Seitdem Hantelmann's Berichte aus Brasilien in der Bienenzeitung gestanden, blicken die sehnsüchtigen Augen der Imker nach dem blütenreichen Süden Amerikas hinüber. Es ist auch gar zu verlockend, sich in Gedanken mit seinem Bienenstande unter die nektarvollen Blumenguirlanden des brasilianischen Urwaldes zu versetzen, wo ein stets blühender Sommer die Bienen in steigender geometrischer Progression zu einer mehr als fünfzigfachen Vermehrung anreizt; oder von einer Imkerkolonie zu träumen, deren überschwänglicher Gewinn an Honig, an Ort und Stelle zu künstlichen Weinen verwendet, sodann in Schiffe verladen und stromabwärts gleitend, in die großen Straßen des Handels münden würde. Selbst Meister Dzierzon, wie wir hören, hat sich vor Zeiten verführerischen Bildern dahingegeben, bis ihn die Stiche der venezianischen Mücken aus der Sippe der Moskitos wieder auf heimathliche Gedanken brachten.

Vielmehr aber als der Geldbeutel ist es das Interesse des Kopfes, was den eigentlichen Bienenfreund an seine Lieblinge gefesselt hält. Die Muße, das Freiwerden des Verstandes aus dem Dienste der alltäglichen Bedürfnisse eröffnet ihm die Bahnen der Wissenschaft, der Analogien und des sinnreichen Experiments. Voll Rührung und Bewunderung folgt er den scharfsinnigen Forschungen des blinden Huber, der trotz seiner Blindheit tiefer sah als Bonnet, wenn er auch das Kardinalproblem der Apistik noch nicht zu lösen vermochte, welches erst Dzierzon gelang, dessen technisches Talent den praktisch beweglichen Wabenbau erfand, mit dessen Hilfe sein geniales Aperçu zu jener überraschenden Hypothese der Parthenogenesis hindurch zu dringen vermochte, die den Schleier gelüftet hat. Man müßte sich wundern, daß dazumalen den denkenden Imkern nicht alsobald die Schuppen von den Augen fielen, wenn es nicht aus moralischen Gründen ebenso erklärlich wäre, wie das Gebahren der Männer der Wissenschaft, die sich anfangs unter mitleidigem Achselzucken zur Seite wandten; wofür es denn dem Einen von ihnen passirte, daß ihm der Andere in der letzten Bestätigung dieser schönen Entdeckung zuvorkam. Pastor Kleine war der erste unter den Imkern, der formgewandt und ausgerüstet mit den Waffen der Wissenschaft sofort an Dzierzon's Seite in die Schranken trat. Baron v. Berlepsch, dem es im Lager der Alten allmählich unheimlich werden mochte, trat durch ein kühnes Manoeuvre unter die aufgepflanzten Fahnen seiner Gegner. Manch wackrer Streiter folgte nach. Und nun beginnt in der Bienenzeitung, sowohl auf theoretischem wie auf praktischem Gebiete, jener denkwürdige Kampf, dessen dramatische Lebendigkeit den Leser noch heute zu spannen vermag; während seine Resultate es sind, auf welche wir apistischen Epigonen fast unser sämmtliches Können und Wissen gründen. Wenn wir nun auch die Ehre des Sieges entbehren, so dürfen wir doch seine Früchte genießen, seine Lehren voll Dankbarkeit in Anwendung bringen. Wir trösten uns mit dem Gedanken, daß wenigstens die alljährlich wiederkehrenden Freuden und Genüsse des Herzens, die uns die Bienen gewähren, eines jeden ungetheiltes Eigenthum verbleiben.

Sinnig vertieft, steht der Bienenfreund inmitten seiner Schaaren und läßt mit harmlosem Stolze die furchtsame Welt an sich vorüberziehen. Er sieht mit Befriedigung unter seinen Augen die wohlgeordneten Staaten aufblühen, in denen Haupt und Glieder, durch innige Bande vereint, in schöner Harmonie zusammenwirken. – Wie der Kopf sich bestrebt, seine mannigfaltigen Begriffe in einem einzigen Prinzip zur Ruhe zu bringen, so betrachtet und genießt ein wahrer Imker Wind, Regen und Sonnenschein, das Aufblühen der Jahreszeiten und ihr Verwelken unter dem gemeinsamen Gesichtspunkte seiner Bienen. Eben darin, in dem ungleich fortschreitenden Jahre, findet er eine beweglich sprudelnde Quelle des Vergnügens, einen immer neuen Reiz zu Experimenten und Beobachtungen, eine Spannung des Interesses, die durch das Interregnum des Winters bis aufs höchste gesteigert wird; so daß ihn sein »ewig blühender« Kollege im amerikanischen Süden um diese Mannigfaltigkeit wohl schließlich beneiden dürfte. Nichts, mein' ich, kann auch eines deutschen Imkers Herz so sehr bewegen, wie der andrängende Frühling seiner Heimath, wenn viel tausend Blüten ihre Schänken und Brodläden aufthun, die durstigen Immlein zu erquicken; wenn wir nach den Donnern der Wetternacht durch den Garten in's frisch aufathmende Feld zu unsern kleinen goldgereiften Herzensfreunden hinauswandern, die schon emsig von Blüte zu Blüte schweben; oder wenn wir heiter grübelnd vor den Stöcken sitzend, ihren jugendlichen Spielen zuschaun. Ich muß gestehen, daß ich dann neben den vortrefflichen Kästen auch gern einen alten, malerischen Strohkorb sehe. Er kommt mir immer vor, wie ein altes, würdiges Menschenhaupt, wo die Gedanken ein und ausfliegen. Bald spielen sie gemüthlich vor, wie am heiteren Morgen bei Pfeife und Mocca; bald sitzen sie behaglich brummend an der Stirn in traulicher Dämmerstunde; bald fliegen sie emsig ab und zu im Sonnenglanze des vollen Tages und suchen und sammeln, theils in Blüten, theils aber auch in den Häuptern der Herrn Nachbarn, und legen ihre Schätze dann nieder in die goldnen Gefäße der Erinnerung. Wie bös wird so ein Kopf, wenn man nur ein wenig daran rüttelt und rührt, mit welchem Stolze saust und braust es drinn; und doch – wenn der Herbst kommt, so muß er sich vielleicht ganz demüthig bescheidentlich als Bettelschwarm vor die Thore des Himmels setzen. – Das wäre nun ein ganz respektabler Vergleich, wenn er nicht hinkte; denn leider ist bei vielen unserer Köpfe das Verhältnis umgekehrt wie beim Bienenkorbe: Das Stroh ist drinnen und die Insekten sitzen draußen.

So sitzt nun der heitere Bienenzüchter stundenlang vor den vielgeliebten Bienen, rauchend und grübelnd, über vieles im Klaren, über manches im Dunkeln; der Bau, die

Brut- und Geschlechtsverhältnisse sind ihm durch Lehre und Anschauung bekannt genug; aber gewisse absonderliche Dinge, wie die willkürliche Eierlage der Königin, die Anlage der Diagnose bei den Arbeitsbienen und ihr demgemäßes Handeln, alles das, was er im Gefühl seiner Menschenwürde Instinkt zu nennen pflegt, wird seinem Kopfe wohl so lange anstößig bleiben, bis er, in sein eignes Herz vertieft, sich entschließen kann, den kleinen, aber rechtmäßigen Antheil des gemeinsamen Erbes seinen bescheidenen Brüdern nicht länger vorzuenthalten. Er wird dann auch in innerster Seele die Quelle finden, aus der sein Interesse an der Natur, also auch seine Liebe zu den Bienen, hervorströmt; er wird sich das Gefühl der innigen, alles umschlingenden Sympathie zum Bewußtsein bringen, die nur in voller Einheit, in einer gemeinsamen Wurzelverwandtschaft aller Dinge ihren letzten Grund haben kann.

Das Netz einer Bienenzelle

Man denke sich ein gleichseitiges Viereck (Raute) mit einem Winkel von 120°, darüber ein vertikales vierseitiges Prisma und dieses dermaßen schräg abgeschnitten, daß die durch die kleineren Winkel (60°) gehende Diagonalebene ein Parallelogramm bildet. Werden nun an dieses Prisma mit einer Rautendachfläche noch zwei andere von gleicher Form und Größe so herangerückt, daß die längste Seitenlinie des einen mit den längsten Seitenlinien der beiden anderen zusammenfällt, so wird ein regelmäßiges sechsseitiges Prisma mit drei Rautendachflächen entstehen, welches von außen, dem Prinzipe nach, der Form einer gewöhnlichen Bienenzelle darstellt.

Demnach muß das Netz, d. h. der in einer Ebene auseinandergelegte Mantel einer Zelle ohngefähr folgende Gestalt haben; siehe Fig. I.

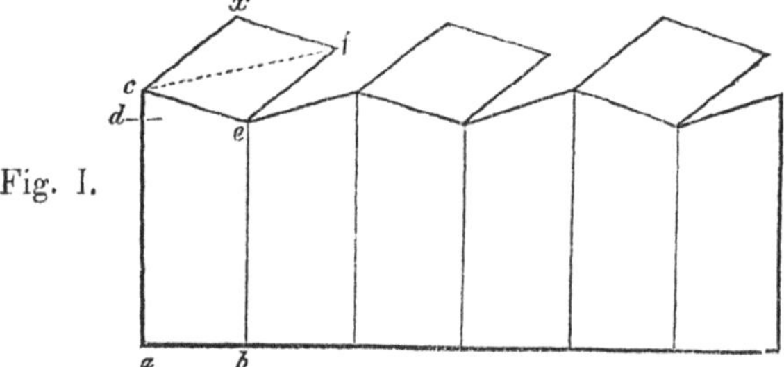

Fig. I.

Es handelt sich bei der Konstruktion um die Diagonale der Rauten und die Differenz zwischen einer langen und einer kurzen Seitenlinie des Prismas.

Die Differenz der Seitenlinien ist bedingt durch die Weite der Zelle und den Neigungswinkel der Rauten gegen die Grundebene, welcher Neigungswinkel wieder genau abhängig ist von der Bedingung des Minimums der Oberfläche. Siehe Huber, Beob. a. d. Bienen, herausgegeb. von G. Kleine. Bd. II. p. 100ff. Für den vorliegenden Zweck ist jedoch die Differenz c d der Einfachheit wegen nur nach Gutdünken angenommen.

Die Diagonale c f der Rauten muß aber jedenfalls genau bestimmt werden, wenn sich das Modell gehörig schließen soll. Es ist leicht zu finden, sobald die Seitenbreite a b gegeben ist.

Man nimmt a b in den Zirkel und beschreibt damit einen Kreis (Fig. II.), legt den Halbmesser zwei Mal als Sehne an und verbindet m mit o; dann ist m o die gesuchte Diagonale. Nimmt man diese in den Zirkel und beschreibt um c einen Kreis, und mit c e einen Kreis um e, so wird durch ihre Schneidung der Punkt f bestimmt (s. Fig. I.). Durch den Parallelismus der Seiten einer Raute, so wie der drei Rauten gegen einander, ist das Uebrige dann leicht zu zeichnen.

Hat man die Dimensionen groß genug angenommen und das Ganze in steifer Pappe ausgeschnitten, so bekommt man ein handliches Modell, woran man, indem man es schließt oder öffnet, sich selber oder »sonst einem guten Freunde« die Grundform des Zellenbaues versinnlichen kann.

NB: Mathematisch denkt man sich bekanntlich die Zelle aus der Durchdringung von Prisma und Pyramide hervorgegangen. Würde man nun für die natürliche Lage im Stocke annehmen müssen, daß die Mittellinie oder Axe der Pyramide waagerecht liegt, die Axe des Prismas aber, in die senkrechte Ebene gedreht, in dieser mit der Pyramidenaxe einen Winkel kleiner als 180° bildet, so müßte man, um dies im Modelle darzustellen, den Parallelen a c, b e u. s. w. in Fig. I. gegen die Grundlinie a b ein Winkelstellung von weniger als 90° geben.

Literaturangaben

Die Quellen der bienenkundlichen Schriften Wilhelm Buschs

Kennen die Bienen ihren Herrn? In: Bienenwirthschaftliches Centralblatt. Jg. 3. 1867. Nr. 5. S. 66-69.

Unser Interesse an den Bienen. In: Bienenwirthschaftliches Centralblatt. Jg. 3. 1867. Nr. 6. S. 81-84.

Das Netz einer Bienenzelle. In: Bienenwirthschaftliches Centralblatt. Jg. 4. 1868. Nr. 2. S. 23 f.

Weitere zitierte Werke des Autors

Die kleinen Honigdiebe. Erstdruck: Münchener Bilderbogen. 1859. Nr. 242. In: ders.: Werke. Historisch-kritische Gesamtausgabe. Hg. von Friedrich Bohne. Bd. 1. Hamburg (Schlüter) 1960. S. 28-34.

Naturgeschichtliches Alphabeth. Erstdruck: Fliegende Blätter, München (Braun und Schneider) 1860, Nr. 784: S. 12 f., Nr. 785: S. 20 f., Nr. 786: S. 29. In: ders.: Werke. Historisch-kritische Gesamtausgabe. Hg. von Friedrich Bohne. Bd. 1. Hamburg (Schlüter) 1960. S. 56-68.

Schnurrdiburr oder die Bienen. Erstdruck: München (Braun und Schneider) 1869. In: ders.: Werke. Historisch-kritische Gesamtausgabe. Hg. von Friedrich Bohne. Bd. 2. Hamburg (Schlüter) 1960. S. 5-68.

Verlust der Ähnlichkeit (aus dem Gedichtband Zu guter Letzt, 1902). In: ders.: Werke. Historisch-kritische Gesamtausgabe. Hg. von Friedrich Bohne. Bd. 4. Hamburg (Schlüter) 1960. S. 325 f.

Sämtliche Briefe. Komm. Ausg. in zwei Bden. Hg. von Friedrich Bohne. Hannover (Schlüter) 1982.

Die Altmeister der deutschen Imker (von H. Gr.). In: Die Gartenlaube. 1868. H. 38. S. 596-598.

Brehm, Alfred: Brehms Thierleben. Allgemeine Kunde des Thierreichs. Bd. 9,4. Abtheilung: Wirbellose Thiere. 1. Band: Die Insekten, Tausendfüßler und Spinnen. Leipzig (Verlag des Bibliographischen Instituts) 1884. S. 204-214.

Büchner, Ludwig: Aus dem Geistesleben der Thiere oder Staaten und Thaten der Kleinen. 3., bedeutend verm. Auflage. Leipzig (Thomas) 1880.

Campe, Joachim: Instinkt und Zivilisation. Zur Tierdarstellung bei Wilhelm Busch. In: Jahrbuch der Wilhelm-Busch-Gesellschaft. Jg. 39. 1973. S. 5-18.

Dutli, Ralph: Das Lied vom Honig. Eine Kulturgeschichte der Biene. Göttingen (Wallstein) 2012.

Heinemann, Dietrich / Freudenstein, Christiane: Artikel über ›Brehm, Alfred Edmund: Illustrirtes Thierleben‹. In: Kindlers Literatur Lexikon, Online-Ausgabe mit Updates.

Klee, Paul: Tagebücher. Köln (DuMont Schauberg) 1957.

Pape, Walter: Wilhelm Busch. Stuttgart (Metzler) 1977.

Ueding, Gert: Wilhelm Busch. Das 19. Jahrhundert en miniature. Frankfurt a. M. (Insel) 1977, erw. u. revid. Neuausgabe 2007.

Wiechert, Karl: Sein Interesse an den Bienen. In: Jahrbuch der Wilhelm-Busch-Gesellschaft. Jg. 37. 1971. S. 9-18.

Bibliografische Information der Deutschen Nationalbibliothek

Die Deutsche Nationalbibliothek verzeichnet diese Publikation in der Deutschen Nationalbibliografie; detaillierte bibliografische Daten sind im Internet über http://dnb.d-nb.de abrufbar.

5. Auflage 2121

www.wallstein-verlag.de
Satz: Wallstein Verlag
aus der Stempel Garamond
Druck: Hubert & Co, Göttingen

ISBN 978-3-8353-1868-7